L'ESPAGNE EN FLAMMES

FREDERICO DE ECHEVERRIA

L'ESPAGNE EN FLAMMES

UN DRAME QUI TOUCHE
LA FRANCE DE PRÈS

Ceux qui trouvent sans chercher, sont ceux qui ont longtemps cherché sans trouver.
Un serviteur inutile, parmi les autres

19 Juillet 2012

scan, orc, Mise en page
LENCULUS

Pour la Librairie Excommuniée Numérique des CUrieux de Lire les USuels

Depuis plus de quatre mois, le monde, attentif et inquiet, suit le développement de la guerre civile en Espagne. Ses épisodes se succèdent, nobles ou affreux, macabres ou héroïques. Pour le Français moyen, dont la préoccupation se double de l'angoisse que lui n'inspirent certaines analogies, il y a une réelle difficulté à dégager de la multiplicité des faits les grandes lignes de l'expérience historique qui se déroule sous ses yeux. D'autant plus que son attention est en même temps attirée par de graves événements qui ne cessent de secouer une Europe en fièvre.

Le Français moyen risque ainsi de méconnaître ou d'oublier les causes profondes et les faits essentiels de la crise espagnole. Il risque, de ce fait, de voir déformer, dès le début, son jugement sur l'Espagne de demain.

J'écris cette brochure pour attirer son attention sur ces causes et sur ces faits. J'écris pour fournir des bases nettes à sa connaissance d'une Espagne dont le pénible enfantement agite aujourd'hui l'Europe.

Je n'ai pas la prétention de faire dans cette brochure de la philosophie de l'histoire. Encore moins d'énoncer des dogmes sur un thème qui est infiniment complexe.

Je ne prétends que présenter des idées claires à des cerveaux clairs.

Et si je veux et si je crois servir ainsi l'Espagne, je veux et je crois aussi servir ainsi la France, en aidant une compréhension et une amitié qui commandent, à mon avis, et des intérêts de tout ordre et de profondes affinités spirituelles.

Novembre 1936.

I.

LA RÉPUBLIQUE ET LE FRONT POPULAIRE

La seconde République espagnole a vécu. A son chevet de mort, n'oublions pas qu'en 1931 une grande partie de l'opinion espagnole l'enfanta dans la confiance et la gaieté, voire dans l'enthousiasme.

Moins d'une année plus tard, son mentor le plus illustre, le philosophe Ortega y Gasset, constatait qu'elle était devenue *triste et aigre*.

De 1933 à 1935, elle parut se consolider.

Au mois de janvier 1936, un « Front populaire » se constitua *pour raffermir ses institutions*. Il était formé par des radicaux-socialistes, des autonomistes catalans et basques, des socialistes, des communistes et des anarchistes. Les plus modérés d'entre eux devaient gouverner dans un esprit démocratique bourgeois avec le soutien des extrémistes.

Un programme bien modeste et sage scella cette alliance. Le bon bourgeois espagnol se sentit tranquille. Tout allait pour le mieux dans le meilleur des mondes républicains possibles.

Le Front populaire prit le pouvoir le 20 février.

Le lendemain, le bon bourgeois républicain perdit son calme. Les grèves, les assauts, les incendies, les troubles de toute sorte sévissaient partout.

Un mois plus tard, le Pays souffrait d'un état d'anarchie peu près complète.

Le 18 juillet, à peine cinq mois après l'avènement du Front populaire au pouvoir, la guerre civile éclatait en Espagne.

Aujourd'hui, nous constatons la fin, certaine et complète en tout cas, de cette république libérale, démocratique et parlementaire que le Front populaire prétendait être venu consolider.

Pourquoi ?

Tâchons de dégager les causes et de suivre l'évolution du procès qui a abouti à la plus effroyable des guerres civiles modernes.

LES PRODROMES DU FRONT POPULAIRE

Au mois d'avril 1931, à l'avènement de la République, la matière première nécessaire à son édification faisait à peu près complètement défaut en Espagne. Il n'existait ni partis, ni équipes dirigeantes, ni organisations républicaines capables d'offrir une base solide au nouveau régime. Encore moins, un climat social et intellectuel favorable à l'expérience hardie d'une démocratie intégrale nouvelle.

Seul le parti radical de M. Lerroux, peu nombreux et moins influent, soutenait alors en Espagne le *feu sacré* du républicanisme de 1874, éteint au cours d'un demi-siècle de monarchie libérale qui fut sans doute le chapitre le plus calme, le plus heureux et le plus progressif de toute l'histoire moderne de l'Espagne.

Ainsi, la jeune République, née d'un concert de lourdes fautes d'en haut, de fois espoirs d'en bas et d'insouciante légèreté de partout, dut confier ses destins à des gouvernants improvisés, encadrés par des déserteurs de la monarchie et des marxistes, et soutenus par des organismes politiques de fortune.

Une nouvelle constitution radicalement démocratique et même socialisante, de beaucoup en avance sur la maturité politique et le stade culturel des masses espagnoles, acheva de rendre le jeu follement dangereux.

Pourtant, les circonstances mondiales n'étaient guère favorables à une expérience si hardie.

C'était le moment où la crise économique mondiale, déclenchée en Amérique, battait son plein en Europe et commençait à ronger l'économie plus fermée de l'Espagne.

C'était le moment où la ruine des valeurs morales et le trouble des esprits jetaient partout des germes de désarroi et d'indiscipline. Germes si dangereux qu'ils parvenaient à pousser même dans les milieux les plus hostiles à de tels poisons, comme dans la flotte anglaise quelques mois plus tard.

C'était le moment où les organes de la propagande communiste, après avoir solidement assis leurs bases économiques et militaires sur le travail forcé de cent millions d'êtres pendant cinq ans, se sentaient prêts à semer ses virus *urbi et orbi*.

Ce fut néanmoins le moment que la démocratie espagnole choisit pour se donner le luxe d'un nouveau régime. Seule une minorité éclairée sentit le danger.

Affaiblie par tant d'imprudences, l'Espagne vit se répandre et fructifier dans son organisme les propagandes les plus subversives.

Et ses premiers gouvernements républicains-socialistes durent s'employer à réprimer l'un après l'autre toutes sortes de troubles sociaux. Grèves, agressions, attentats, incendies de récoltes, d'édifices privés, d'églises, révoltes contre la force publique, meurtres et assassinats sévirent dans le pays. La répression fut souvent dure, parfois, cruelle. Les épisodes de de Castilblanco et Casas Viejas rendirent sinistre au peuple espagnol le premier gouvernement Azafia, dont la période au pouvoir fut qualifiée par M. N'Affinez Barrios, son second d'aujourd'hui, d'étape *de la boue, du sang et des larmes*.

Le mécontentement populaire chassa les gouvernants de cette première étape républicaine aux élections de novembre 1933.

Le nouveau parlement vit siéger :

Un communiste, 56 socialistes, 20 catalans de gauche, 17 républicains des trois partis de gauche, 104 radicaux, 55 centristes de diverses nuances, 27 catalanistes de droite, 35 agrariens, 112 populaires catholiques, 48 monarchistes.

L'Espagne entrait en convalescence de la *rougeole* de 1931. Sous le signe de la modération, la République semblait avoir des chances de se consolider.

Pourtant, le président de la République. M. Alcala Zamora, loin de favoriser la coalition orientée vers la droite qui découlait normalement de la composition de la chambre, refusa constamment d'offrir le pouvoir à M. Gil Robles, chef de la Confédération des droites autonomes, qui, appuyé sur une organisation puissante, était le vrai maître dans le pays.

En même temps l'agitation due à des propagandes subversives continuait. La révolte ne cessait de gronder partout.

Au mois de décembre 1933 une sanglante révolte anarchiste éclatait à Barcelone. Le gouvernement dut faire face à des grèves révolutionnaires à la Corogne, à Huesca. à Saragosse, à Barbastro. Des églises furent brûlées à Grenade et en Catalogne.

Au printemps, des transports et des dépôts d'armes furent découverts qui prouvaient la préparation, de la part des socialistes et des communistes, d'un vaste mouvement révolutionnaire.

Il éclata au mois d'octobre, sous prétexte de la nomination de deux ministres populaires catholiques, qui pourtant appartenaient au groupe parlementaire le plus nombreux. Promptement étouffés dans la plupart des régions, la révolution prit la forme d'une sanglante, quoique brève, lutte civile à Barcelone et à Madrid.

Ce fut aux Asturies qu'elle eut ses manifestations les plus graves. Plus de 6.000 mineurs, armés de fusils, de mitrailleuses, de cars blindés et surtout de dynamite, prirent part la rébellion qui se prolongea pendant des semaines.

Le bilan de la révolution aux Asturies prouve bien qu'elle avait eu une préparation longue et minutieuse et que les rouges étaient largement pourvus de toutes sortes d'éléments de destruction.

Ce bilan se dresse comme suit :
1.335 morts ;
2.951 blessés ;
739 édifices détruits ;
89.000 fusils, 33.000 pistolets et 350.000 cartouches pris aux rebelles.

La révolution fut réprimée par l'armée, mais le trouble était et resta profond. L'année 1935 fut une année de confusion et d'inquiétude.

Dans la population, la propagande rouge persistait, quoique hors la loi. S'accrochant au souvenir de la répression aux Asturies, qu'elle accusait de cruelle, elle redoubla son agitation dans les milieux ouvriers et paysans.

Dans les milieux gouvernementaux, l'opposition du chef de l'Etat à tout gouvernement des droites rendait la situation politique de plus en plus confuse. Elle devint sans issue quand M. Gil Robles, obligé de rentrer dans l'opposition, rendit de par ce fait impossible la formation d'un gouvernement parlementaire viable.

Les *Cortes* furent dissoutes le 7 janvier 1936.

L'Espagne venait de faire à nouveau un épouvantable saut dans le vide.

LA NAISSANCE DU FRONT POPULAIRE

Le pendule de l'opinion publique bat toujours en Espagne trop violemment. Ses oscillations excessives allaient être sans doute, comme en 1933, exagérées par un système électoral défectueux. Car ce système, établi par les gauches en 1932 dans l'espoir qu'il jouerait toujours pour leur profit, accordait dans chaque circonscription provinciale une forte prime au parti ayant obtenu la majorité même relative.

Cependant, la plupart des dirigeants de droite envisageaient les élections avec optimisme. Certains arborèrent même un enthousiasme qui prit des formes, pour le moins, puériles. Grave erreur.

Il suffisait de tâter sans préjugé le pouls de l'opinion publique pour percevoir que les élans de novembre 1933 étaient ou refroidis ou brisés ; qu'une large partie de cette opinion, mécontente et inquiète, cherchait, encore une fois, *du nouveau*...

Le fonctionnement décevant du mécanisme politique basé sur les radicaux et les modérés, jugé, par un corps électoral, simpliste et trop impressionnable, allait offrir — déjà ! — une nouvelle chance aux républicains de gauche chassés en 1933. Ils n'avaient qu'à profiter des fautes de leurs adversaires. Ils n'avaient qui tirer de leur propre expérience du premier *biennum* de gouvernement une leçon de modération et de sagesse. A se souvenir des graves conséquences pour eux de la prépondérance marxiste au cours de cette première période de la république.

Ils n'avaient qu'à attendre.

Mais c'était trop demander à des hommes que l'envie du pouvoir hantait et qui, pour la plupart, souffraient encore des blessures d'amour-propre produites pendant les deux années de disgrâce...

D'autant plus, que des voix de sirène les attiraient du côté gauche.

Le rétablissement des libertés constitutionnelles, suspendues depuis octobre 1934, consécutif au commencement de la période électorale, rendit aux partis d'opposition leur entière liberté de propagande. Les marxistes en profitèrent surtout pour créer un mouvement d'opinion contre ce qu'ils appelaient les excès de la répression du mouvement révolutionnaire d'octobre. Ils en profitèrent en même temps pour préconiser l'entente électorale des partis dits prolétariens avec les républicains de gauche.

C'était la nouvelle tactique marxiste qui allait trouver sa première application en Espagne : l'alliance avec les bourgeois de gauche, sous un programme électoral modéré, de façon à rassurer les masses neutres du pays et à conquérir le pouvoir sans soulever des alarmes trop vives ni se heurter de trop violentes résistances.

La nouvelle tactique venait de l'Internationale Communiste. Ainsi, ce fut M. Largo Caballero, *leader* de la fraction extrémiste du socialisme, qui devint le plus ardent partisan et le plus actif négociateur de cette alliance avec les bourgeois !

Certes il n'essaya pas de les duper. « *Le premier but de cette alliance électorale* — déclara-t-il à Madrid le 11 janvier — *doit être d'imposer l'amnistie pour les condamnés politiques. Mais* — ajouta-t-il — *les marxistes ne doivent pas hypothéquer l'avenir. Leur but final est et doit rester l'entière conquête du pouvoir.* »

Les bourgeois républicains étaient avertis. Cependant, ils acceptèrent le projet d'entente.

Leur chef. M. Azaña, habitué à des auditoires restreints. parla à Madrid devant 200.000 personnes.

Il prêcha, comme toujours, *la bonne parole* des principes de 1789. Il se vit salué par des poings fermés.

Il acclama la République. Ce fut l'*Internationale* qui résonna à son appel.

Des principes et des systèmes politiques différents, opposés, incompatibles, s'affrontaient.

Mais... personne ne tient compte des principes ni des systèmes dans un *big meeting* électoral.

Le *Frente Popular* était né.

Nous allons voir quelles furent ses conséquences. Voyons d'abord quels étaient ses composants.

II.

LES PARTIS COMPOSANTS
DU FRONT POPULAIRE

LES RÉPUBLICAINS DE GAUCHE

Les républicains de gauche étaient peu nombreux en Espagne. Cependant, ils étaient divisés en plusieurs groupes.

Ils se recrutaient surtout dans la bureaucratie et les professions libérales ; parmi les petits commerçants, les petits industriels, les petits propriétaires.

Leur doctrine — un vétuste anticléricalisme à part — était vague et contradictoire, comme est vague et contradictoire le terme de radical-socialisme dont ils persistaient à se servir pour la désigner.

Leurs groupes n'apportaient pas des masses importantes la nouvelle coalition électorale. D'ailleurs, les partis dits prolétariens n'en avaient guère besoin. Ce qui leur faisait défaut c'était d'abord une équipe dirigeante : des hommes d'Etat compétents et prestigieux.

Or, les groupes républicains de gauche en manquaient aussi. L'écœurante expérience de la première période de gouvernement républicain prouva bien l'inexistence dans leurs rangs d'une élite à la hauteur de sa tâche.

Cependant, l'apport des républicains de gauche au Front Populaire naissant était positif et précieux.

Ils apportaient une façade. Si vous préférez : une devanture.

Juste de quoi masquer l'entreprise révolutionnaire qu'on était en train de bâtir.

Juste de quoi parer le futur *gouvernement des masses*.

Juste, tout d'abord, de quoi rassurer les masses neutres du pays, déçues, mécontentes, impatientes, mais prêtes seulement à voter *rouge* à condition que les révolutionnaires semblassent apprivoisés et leur révolution diluée en doses inoffensives.

Le rôle des républicains de gauche était d'être dupes et de duper. Ils le jouèrent en conscience.

LA GAUCHE CATALANE ET LE NATIONALISME BASQUE

Deux groupes qui, au fond, luttaient pour l'entière indépendance de leurs régions vis-à-vis de l'Espagne.

Mais pour des causes bien opposées.

La *Esquerra*, d'un radicalisme plus extrémiste encore que celui des radicaux-socialistes espagnols, pour se libérer des forces conservatrices de l'*Espagne éternelle*.

Les nationalistes basques, catholiques, conservateurs, fermement attachés à leurs traditions les plus anciennes, pour bâtir l'Etat d'*Euzkadi* à l'ombre de leur devise pieuse et prudente: *Jangoikoa eta Lagizarra*, « Dieu et les anciennes lois ».

Depuis 1833, le Pays Basque lutta, au cours de trois guerres civiles, pour imposer à l'Espagne, avec le carlisme, ses principes du plus pur *ancien régime*. Vers la fin du siècle, sentant la monarchie libérale bien consolidée, la Vendée espagnole se replia, en partie sur elle-même. Le nationalisme basque naquit. Avec la République, il centupla ses forces. Les divergences qui le poussaient à quitter l'Espagne étaient devenues plus profondes que jamais. La résistance à la sécession, plus faible.

Il crut sa chance arrivée.

Il crut encore une fois trouver celte chance dans la constitution du Front Populaire.

Plus tard, il crut une troisième fois sa chance arrivée. Ce n'était cette fois-ci que sa débâcle.

LES SOCIALISTES

Le parti socialiste constituait, de beaucoup, le groupe le plus important du Front Populaire: par le nombre de ses adhérents, par les masses rangées dans U.G.T. (Union Générale des Travailleurs) qu'il contrôlait, mais surtout par son organisation, sa discipline et son expérience.

Au temps de la monarchie libérale, il était arrivé a représenter une force politique d'une certaine importance.

La dictature du Général Primo de Rivera, non seulement ne le persécuta pas, mais elle l'encouragea dans son développement. Favorisé par la législation dictatoriale et comptant sur la bienveillance gouvernementale, le parti socialiste en profita pour étendre et fortifier ses organisations et son influence dans les milieux ouvriers. Nombre de ses dirigeants se virent nommés dans la bureaucratie officielle et M. Largo Caballero accéda même au poste de conseiller d'Etat.

Cependant, le parti socialiste contribua à l'instauration de la République. Il fut même, au commencement, son pilier le plus ferme. Et, pour sa part, il reçut du nouveau régime une vigoureuse impulsion dans sa croissance.

Mais, contrariant la loi normale dans l'histoire et dans la nature, plus il gagnait en puissance, en force et en expérience, plus il perdait en prudence et en modération.

Or, ces facteurs, avec la discipline, avaient toujours passé pour ses qualités les plus solides.

A partir de 1932, une tendance extrémiste commença a le pousser vers la violence. Le professeur Besteiro, président du parti et représentant le plus autorisé de l'évolutionnisme modéré traditionnel dans le socialisme espagnol, perdit de plus en plus de son influence. L'élite du parti lui resta fidèle ; mais la masse des adhérents et surtout la jeunesse penchait de plus en plus vers l'*action directe*, vers la violence, vers la révolution ; en somme, vers le communisme ou, plus exactement, vers le bolchevisme.

L'impulsion venait du dehors, même de loin.

L'aide morale et matérielle, aussi.

Il ne manquait qu'un chef, ou plutôt, qu'un porte-drapeau : on le trouva.

« LENINE » ET SES MANAGERS

On commença par lui décerner un titre : le *Lenine espagnol*. Pourtant. Largo Caballero n'avait pas le physique du rôle. Sexagénaire, lourd, les manières lentes, le visage vulgaire et rosé, il donnait une impression de somnolence, non exempte d'une certaine bonhomie. Rien du *faciès* implacable d'un vrai despote rouge tartare. Encore moins de la répulsive expression de dégénérescence physique et morale de la plupart des *Lenine-ersatz* de l'Occident ; plutôt l'air d'un bureaucrate honnête, borné et un peu grognard.

Air sincère. Car le *curriculum vitæ* du nouveau héros rouge était celui du *rond-de-cuir* du syndicalisme qui a eu une belle carrière. Tour à tour secrétaire de syndicat, président de la Maison du Peuple et du groupe socialiste de Madrid, secrétaire de l'U. G. T., membre du Conseil du Travail et du B. I. T., député, conseiller d'Etat, puis, avec la République, ministre du Travail.

Et avec ça, une éloquence froide et directe, quoique limitée dans ses ressources, et une formation doctrinale moins que moyenne : simple marxisme de manuel.

A l'égal de certaines stars de Hollywood, le *Lenine espagnol* fut surtout un produit de la science de ses managers, riches en trucs de *maquillage* et de publicité. Le budget de celle-ci était largement pourvu. Un grand journal. *Claridad*, fut même créé. Et les managers se mirent à sa direction. Car tous, ils étaient des anciens journalistes.

L'affaire de la nouvelle *star* était montée. Les appuis financiers ne faisaient pas défaut.

Aux managers de l'administrer ; à eux de rédiger les apologies, après avoir composé les tirades.

Au *Lenine espagnol* d'essuyer les feux de la rampe. Et d'autres si besoin....

LES COMMUNISTES

Le parti communiste est partout, sauf en Russie, un produit d'importation. En Espagne, il était en plus un organisme parasitaire.

Chétif au commencement, il se développa, non pas en recrutant des masses ouvrières, mais en noyautant les syndicats socialistes et anarchosyndicalistes.

Par ce procédé, il était arrivé à avoir à la veille des élections une influence prépondérante sur la plupart d'entre eux. Une fois les ayant ainsi contrôlés par la base, le parti communiste complétait son emprise par des alliances avec ses propres syndicats, pourtant beaucoup moins importants et nombreux que les autres.

Parmi les partis dits prolétariens de l'Espagne, le socialisme tenait les masses, la discipline, la tradition. Le syndicalisme anarchiste, l'emprise sur des foules ignorantes et individualistes par sa doctrine simple, extrême et purement destructive. Avec ça, des syndicats très puissants recrutés en partie à l'aide de la terreur. Le communisme apportait une tactique supérieure, quoique d'un machiavélisme un peu grossier. Il apportait aussi une organisation de combat qui avait fait ses preuves ailleurs.

Cette organisation était celle de toutes les branches du Komintern :

Des rayons locaux, des comités, des fédérations régionales et un Comité national exécutif en rapport avec Moscou. Comme forces auxiliaires, les jeunesses communistes et le Secours rouge. Comme forces de combat, les cellules, les comités d'entreprise et, au moment opportun, les comités de grève.

Le parti communiste fut le vrai *deus ex machina* du Front Populaire espagnol.

Il commença son œuvre en asservissant les syndicats socialistes et anarchistes.

Il la continua en fabriquant, ainsi qu'il a été dit, le *Lenine espagnol*.

Il la perfectionna en signant une alliance avec le groupe trotskiste et avec les dissidents communistes de Maurin.

Il l'acheva en se ralliant les bourgeois de gauche.

Il la couronna en poussant ceux-ci au triomphe électoral et au pouvoir, une fois qu'il les tenait en domesticité.

Ainsi, il suivait fidèlement le programme de son maître. Car voici les instructions de Dimitrov au congrès du Komintern en juillet 1935 :

D'abord, le Front unique du prolétariat par en bas, l'échelle locale ;
Puis, le Front unique par en bas à l'échelle régionale ;
Ensuite, le Front unique par en haut, en passant par les mimes degrés ;
Après cela, l'unité du mouvement syndical ;
Ensuite, le ralliement des autres partis antifascistes ;
Puis, le Front Populaire, déployé par en haut et par en bas ;
Après quoi, il convient d'élever le mouvement à un degré supérieur, de le politiser, de le rendre révolutionnaire.

LES ANARCHISTES

Un soir, conversant autour d'une tasse de thé, aux jours idylliques du pacte franco-soviétique, un diplomate russe me dit :

« La Russie a produit les deux grands théoriciens de l'anarchie : Bakounine et Kropotkine. Mais, si un jour l'anarchie doit se réaliser quelque part, ce sera en Espagne. Car vous, vous la portez tous dans le cœur. »

Il nous connaissait bien. Et il connaissait bien la cause intime de ce double phénomène typiquement espagnol et unique dans toute l'histoire du mouvement ouvrier dans le monde : l'extension et la permanence des groupes ouvriers caractère anarchiste. La tendance vers l'anarchie de toutes les organisations syndicales. Même de celles qui se réclament des qualifications, des systèmes et des programmes les plus opposés à elle.

L'organisation anarcho-syndicaliste en Espagne était simple :

la C. N. T. (Confédération Nationale du Travail), composée de fédérations, et celles-ci de syndicats, groupait la masse ;

la F. A. I. (Fédération Anarchiste Ibérique), les dirigeants et les équipes de choc.

Sa doctrine, encore plus simple :

Pas d'Etat, pas de lois, pas d'autorité, pas de hiérarchie, pas de discipline, pas de chefs.

Sa force numérique, grande. Voici des chiffres approximatifs qui révèlent la puissance relative des principaux partis ouvriers espagnols au moment de la constitution du Front Populaire :

Socialistes avec U. G. T.	1.000.000
Communistes et ses alliés	250.000
F. A. I. et C.N. T.	800.000
Escamots catalans, basques, indépendants et Fédération des Asturies	150.000

F. A. I. et C. N. T., s'étaient toujours tenus loin de toute activité politique légale, loin surtout des urnes.

Cette fois-ci, l'influence communiste eut raison de leur doctrine et de leur tendance d'abstention électorale. Et ce fut leur intervention qui décida le résultat des élections. Ennemies du parlement, du gouvernement et de l'Etat, elles en devinrent, les maîtresses par le jeu de la loi, en attendant de le devenir par le jeu de la dynamite.

LA POLITIQUE DU POING LEVÉ
ET LA VICTOIRE DU FRONT POPULAIRE

Le Front Populaire espagnol était une créature des extrémistes. Dès le commencement, il fut en leur pouvoir.

Et ils le mirent en évidence :

Par leurs paroles, en déclarant ouvertement, que le Front Populaire ne constituait pour eux qu'une simple étape pré-révolutionnaire.

Par leurs actes, en marquant la période électorale de toutes sortes de violences contre les centres politiques, les journaux, les propriétés et les personnes de leurs adversaires.

Ainsi, l'Espagne vit arriver les élections de février 1936. Sous le signe de la violence, à gauche ; de la volonté de défense, à droite ; de l'inquiétude, partout.

Le résultat fut le suivant :

Front Populaire .... 4.356.000 voix
Droites et centre .... 4.910.000 voix

Que la logique électorale traduisit ainsi :

Front Populaire .... 256 députés
Droites et centre .... 217 députés

Par ce fait, le Front Populaire devenait l'élu du peuple souverain.

LA RÉVOLUTION DU FRONT POPULAIRE
EN ESPAGNE — (Mars 1936)

SI VOUS NE VOULEZ PAS VOIR "ÇA" EN FRANCE,
VOTEZ CONTRE LE FRONT POPULAIRE.

III.

LE RÈGNE DU FRONT POPULAIRE

LE LENDEMAIN DE LA VICTOIRE

Sans attendre la réunion du Parlement, sans aucun souci d'une procédure normale, le cabinet Azafia prit le pouvoir au lendemain même de la fin du scrutin. C'était inquiétant.

Il le prit sous la pression irrésistible des extrémistes. C'était alarmant.

Cependant, il suffit que M. Azafia formât son gouvernement avec des représentants de seuls partis bourgeois du Front Populaire, à l'exclusion des marxistes et des anarchistes, et qu'il se déclarât prêt à soutenir l'ordre public et à gouverner sur les seules hases de son programme électoral, pour qu'on vit la confiance renaître dans le pays.

C'était fou.

Car aussitôt une violente campagne d'agitation se déclencha. Les pires violences éclatèrent. Des églises et un journal furent incendiés à Madrid. A Grenade, onze édifices brûlèrent dans une seule journée. On assista partout à des attentats contre les propriétés et contre les personnes.

Voici le bilan des troubles, lu au Parlement le 2 avril 1936. Bilan, donc, de six semaines de gouvernement du Front Populaire :

Assauts et pillages :
- de sièges d'organisations politiques 58
- d'établissements publics et privés 72
- de domiciles particuliers 33
- d'églises 36

Incendies :
- de sièges d'organisations politiques 12
- d'établissements publics et privés 45

de maisons particulières	15
d'églises	106
Troubles divers:	
grèves générales	11
mutineries et révoltes	169
fusillades	39
agressions	85
tués	76
blessés	346

En face d'une telle anarchie, le gouvernement ne réagit pas. Le manque d'empressement de la force publique à réprimer les excès dus aux strictes instructions d'en haut, soulevait l'indignation et l'alarme de la population.

Des réactions spontanées de défense se produisirent. Le fascisme espagnol était né.

Ainsi débuta le règne du Front Populaire en Espagne. Il traîna cependant cinq mois.

Voyons comment.

LE FRONT POPULAIRE AU PARLEMENT

Avec 260.000 voix de moins que ses adversaires politiques, la mécanique électorale avait donné au Front Populaire 39 députés de plus.

En possession de cette légitime majorité, il en profita géné. reusement.

De nombreuses élections de députés de droite furent annulées. La Commission des Mandats fit de telles horreurs, que son président. M. Indalecio Prieto, socialiste mais ancien parlementaire, se crut obligé de démissionner. « *Je le fais* — déclara-t-il — *parce que je crains ne pas être d'accord avec les décisions qui vont être prises.* »

Les manœuvres *épuratrices* furent efficaces.

Regardons les chiffres :

Députés	Résultat des élections	A la constitution définitive de la Chambre
Du Front Populaire	256	295
Des droites et du centre.	217	177

Ainsi constituée, la Chambre du Front Populaire comprit que désormais, l'unique chance de modération émanait du Président de la République.

Il était nécessaire. On le destitua.

Et on éleva au pouvoir modérateur le chef du Front Populaire : M. Azaña.

Rien ne gênait plus la course à l'extrémisme. Le Parlement se lança le premier dans un *rush* puissant. Son atmosphère devint bientôt irrespirable pour les députés de droite et même pour les radicaux modérés. Tous eurent à subir de la part de leurs collègues masculins et féminins les insultes les plus grossières et les menaces les plus dangereuses. On vit même paraître à plusieurs reprises des revolvers dans les couloirs et jusque dans l'hémicycle.

Le président de la Chambre. Martinez Barrios, fut débordé. Les *Cortes*, après une étape de Convention, dégénéraient en club politique extrémiste.

Elles devinrent sans remède la proie des plus violents. Une femme se distinguait parmi ces fous furieux : une communiste dite La *Pasionaria*. Elle était la personnification de l'éloquence au service de la rancune.

Tel fut le Parlement du Front Populaire.

LE FRONT POPULAIRE
FACE À L'ESPRIT

De religion, le programme électoral du Front Populaire ne disait rien. Quant à l'instruction publique, il offrait de l'encourager et de la mettre à la portée de tous.

Le Front Populaire triomphant fit table rase des promesses du Front Populaire militant.

Nous venons de constater qu'en six semaines, 106 églises furent incendiées. Au cours des cinq mois qu'il resta au pouvoir, ce chiffre monta à 253. 171 brûlèrent entièrement.

Des centaines de prêtres et de religieux des deux sexes furent offensés, attaqués ou chassés de leurs résidences. Des dizaines furent massacrés.

En même temps, on s'attaqua à l'enseignement religieux. Nombreuses étaient les institutions catholiques qui collaboraient en Espagne avec l'Etat à l'enseignement public. Leur tâche était d'autant plus utile que sur ce terrain l'action officielle était, de temps immémoriaux défectueuse et insuffisante.

Il fallait faire plus et faire mieux. On supprima.

Sans aucune possibilité de substitution, l'enseignement religieux fut arrête. Les inspecteurs provinciaux de l'Instruction publique reçurent l'ordre de se saisir de tous les collèges où enseignaient des religieux.

Ils se saisirent des édifices. Et de la plupart, simplement pour les clore. Car une réorganisation de l'enseignement ne pouvait pas s'y improviser.

Près de 500.000 enfants fréquentaient ces écoles. Grâce au Front Populaire, ils restaient désormais libres d'augmenter les bandes des gamins que, au mépris de toutes sortes de dangers, l'on voit jouer partout en Espagne dans les rues des villages et même des villes.

LE FRONT POPULAIRE
ET L'ÉCONOMIE

La vie économique exige la paix, la sécurité, la confiance. Sous le gouvernement du Front Populaire, elle ne pouvait donc que languir.

L'économie espagnole, atteinte par la dépression mondiale, tournait déjà au ralenti à l'avènement du Front Populaire. Cependant l'influence de celui-ci se fit nettement sentir.

De janvier à mars, le chiffre d'affaires du commerce baissa de 40 pour cent. Le trafic des ports de 30 pour cent.

Commerce et industrie eurent à subir :
la dépression générale, aggravée par les troubles et les craintes ;
les mesures spoliatrices du gouvernement ;
les exigences démesurées et désordonnées des ouvriers.

Toutes les entreprises se virent contraintes de reprendre par ordre officiel, le personnel congédié en 1934 pour grève illégale. C'était la ruine économique pour beaucoup d'entre elles.

On les obligea en même temps à congédier le personnel qui se montra fidèle à cette occasion. C'était, en plus de l'injustice criante, ruiner toute autorité patronale. C'était aussi jeter sur le pavé plus de 50.000 familles.

Ici, comme partout, la résistance patronale fut très faible. Malgré cela, les grèves redoublèrent : Souvent accompagnées des pires désordres : occupations d'usines, actes de sabotage, incendies agressions, attentats.

Dans l'agriculture, la situation était encore pire. Car à la campagne le gouvernement du Front Populaire fut immédiatement débordé dans les trois quarts du territoire.

Nul doute qu'une réforme agraire s'avérait nécessaire dans certaines régions de l'Espagne. Notamment en Andalousie et en Estramadure. Il est évident que la situation du paysan y devait être stabilisée et améliorée.

Nul doute non plus qu'une réforme agraire d'une telle envergure était une entreprise technique extrêmement complexe. Elle exigeait, pour être féconde, une conduite adroite et un rythme prudent.

Elle exigeait aussi un climat social favorable.

Or, les poisons semés largement par des agitateurs professionnels dans l'esprit des populations rurales se traduisirent par les plus graves excès au lendemain même des élections.

Aucun respect des propriétés, ni des personnes. Des terres furent envahies, des bois coupés, des récoltes arrachées, le bétail sacrifié de la manière la plus imprévoyante.

Le 5 mai, les cultivateurs de Badajoz, en Estramadure, décidèrent que la journée de six heures en hiver et sept en été soit établie ; que les terres soient remises, non pas aux paysans directement, mais aux sociétés ouvrières pour constituer des *kolkhozes* ; enfin, qu'un délégué de chaque fédération soit envoyé en Russie.

Pour tâcher de parer à tant de troubles, le gouvernement procédait à des distributions de terres et à des installations en masse. Au mois de mai, l'Institut de Réforme agraire reçut l'ordre d'opérer à toute allure. Pendant des semaines, on occupa près de 4.000 parcelles de terrain par jour. On arriva même au chiffre de 9.661 dans une seule journée. Ce *record* fut publié avec grand apparat.

Mais il n'est pas risqué d'affirmer qu'un travail si hâtif, malgré toute la compétence et tout le dévouement des ingénieurs, s'avérait désordonné, coûteux, défectueux. Il était, en plus, impuissant à calmer les masses toujours irritées par une propagande rouge de plus en plus intense.

LE FRONT POPULAIRE
ET LES FINANCES PUBLIQUES

Baromètre classique, les indices financiers restent toujours le plus simple et le plus expressif pour juger de toute expérience politique.

De février à juillet, le gouvernement du Front Populaire s'engagea dans de lourdes dépenses de toutes sortes. Il supprima les économies budgétaires réalisées par les gouvernements précédents. Il dut financer de vastes réformes sociales. Il entreprit de grands travaux publics.

Simultanément, les recettes fiscales tombèrent verticalement, malgré la hausse de certains impôts.

Les conséquences les plus immédiates furent :

le taux de l'intérêt s'éleva de ½ % pour des émissions publiques à très court terme, les seules possibles, d'ailleurs ;

le Trésor dut s'endetter au rythme de cent millions de pesetas par mois ;

la circulation fiduciaire passa, malgré le marasme des affaires, de 4,7 à 5,3 milliards.

Les cours des rentes et des meilleures valeurs industrielles s'effritèrent à la Bourse de Madrid au-dessous de leurs *records* de baisse. La moins-value mobilière atteignit, en six semaines deux milliards de pesetas.

Un *rush* vers les devises et les valeurs étrangères se produisit. Le gouvernement riposta par des mesures de *gendarmerie* financière qui, comme d'habitude, ne firent qu'augmenter le trouble et l'injustice.

La peseta accusa tous ces dégâts.

L'Espagne possédait une réserve d'or très importante à l'avènement du Front Populaire :

2.255 millions de pesetas or (15 milliards de francs Blum). Au cours réel de la peseta, la circulation fiduciaire était garantie à 112 %.

Cependant, la peseta, qui valait 90 centimes de peseta-or en 1927, accusa les cours suivants

En 1930	74 centimes-or
En 1931	51 centimes-or
En février 1936	41 centimes-or
En juin 1936	35 centimes-or

A présent, novembre 1936, tous les fruits du Front Populaire arrivés à maturité, la peseta vaut 16 centimes.

LE FRONT POPULAIRE ET LA VIE CIVILE

La propagande subversive, riche en ressource, et sûre en tout cas, de l'impunité, ne cessa de croître.

Comme tactique, elle s'employa à créer et à répandre des *slogans*, de grossières images d'Épinal, propres à frapper l'esprit du peuple et à l'exciter. L'un de ces mythes d'une démagogie qui, par malheur, s'avéra très efficace, fut celui-ci :

Tout ce qui n'est pas marxiste ou anarchiste est fasciste.

Et, en même temps, on tâchait de rejeter sur le bouc émissaire du fascisme tous les torts dont le régime se sentait accablé.

Cet empoisonnement systématique des esprits finit par créer une situation d'une violence inouïe. On vivait en état de guerre civile latent dans chaque village, dans chaque entreprise, dans chaque groupe, parfois même, dans le sein des familles.

Des faits monstrueux se produisirent que seul pouvait expliquer cet état d'irritation, de haine, de folie collective.

Telle, l'affaire *des bonbons empoisonnés.*

A Madrid, le 2 mai, des agitateurs font courir dans le quartier ouvrier de Cuatro Caminos, le bruit que des religieuses déguisées ont distribué diaboliquement des bonbons empoisonnés aux enfants du faubourg.

Personne n'a vu dans le quartier les criminelles distributions. Aucun enfant n'est mort, ni même malade. Aucun n'a reçu des bonbons d'une inconnue. Mais il suffit de lancer l'infâme mensonge pour qu'il se répande comme traînée de poudre parmi les mégères rouges du quartier.

Bientôt, une foule se masse, furieuse et menaçante devant le couvent des Carmélites. On met le feu à la porte. Deux malheureuses dames, dont l'une Française, sont à moitié *lynchées* dans une rue voisine. La grève générale est sur le point d'éclater à Madrid par suite de cette calomnie monstrueuse et stupide. Et deux autres églises sont brûlées dans le centre de la capitale.

De février à juillet, la fièvre monta en Espagne.

Les préparatifs d'une révolution rouge se poursuivaient au grand jour. La vie civile était de plus en plus troublée. La situation devenait insupportable et insoutenable. L'orage approchait. On se sentait partout menacé. Et — hélas! — la menace se réalisait souvent...

Car voici ce que donna, au cours de vingt-deux semaines, le règne du Front Populaire en Espagne :

113 grèves générales ;

218 grèves particulières ;

284 édifices incendiés ;

171 églises, 69 cercles et 10 journaux entièrement brûlés :

3.300 assassinats.

La guerre civile espagnole, 1937. *Auteur inconnu.*
A la place de ce pauvre homme, on aimerait bien que cela soit Lenculus (dixit ben Youdi).

IV

L'ÉRUPTION DE JUILLET

LA VEILLE DE LA TEMPÊTE

Depuis février, l'Espagnol moyen vivait en état d'alarme.

Dans les villes, chaque journée apportait à chacun un nouveau conflit, à l'atelier, au bureau, au magasin, dans la rue. On vaquait à ses affaires sous la crainte d'une grève générale. Chaque famille faisait périodiquement sa réserve de conserves, de légumes, même d'eau. Chaque soir, on se couchait avec l'inquiétude du lendemain ; et on dormait d'un sommeil agité, que l'explosion des bombes venait souvent troubler.

Dans les campagnes, c'était pire. Un quart au moins des propriétaires, parmi la population rurale, avaient été forcés d'abandonner leurs terres et de se réfugier ailleurs : chez des parents ou dans la ville, fuyant les menaces et le réel danger de massacre. Le reste vivait, soumis à toutes sortes de vexations et de sacrifices, en plein désarroi et en pleine insécurité.

Les événements du mois de mai à Madrid et dans les provinces du Sud aggravèrent encore la situation.

Au mois de juin, on sentit que les extrémistes étaient prêts à agir. Un vent de panique soufflait partout. Les anarchistes et les communistes entrèrent ouvertement en scène. Quant aux socialistes, les modérés d'entre eux, bien ligotés, se rangèrent décidément à côté des extrémistes, le *Lenine espagnol* en tête.

Celui-ci exigea publiquement :

La nationalisation des mines, des banques, des usines et des terres ; la confiscation des biens du clergé et de l'aristocratie ; la suppression de l'armée et de la garde civile, l'établissement de la dictature du prolétariat.

On était loin du programme à l'*eau sucrée* du Front Populaire !

« PARA BELLUM »

Et c'était bien plus que des mots !

A Madrid, des foules nombreuses défilaient presque chaque jour dans les quartiers les plus centraux, aux accents de l'*Internationale*.

On voyait passer des étendards rouges par centaines, ornés de la faucille et du marteau.

On lisait : « *Viva el Soviet* ».

Ou : « *Queremos un gobierno obrero y campesino* ». (Nous Boulons un gouvernement ouvrier et paysan !)

Et partout « U. H. P. » (« *Unios hermanos proletarios* ». « Unissez-vous Frères Prolétaires »).

On regardait évoluer des garçonnets et des fillettes, vêtus en bleu et en rouge et menés par des instructeurs ; et des jeunes *komsomolzen* (Jeunesses Communistes) en formation militaire, en uniformes pour la plupart ; et des milliers d'hommes et de femmes.

Tous, le poing levé. Tous, au chant de l'*Internationale*. Tous, avec des attitudes et des cris d'insolence, de haine, de défi. Commandés par des meneurs professionnels à l'air repoussant de brûleurs d'églises.

Ces défilés alternaient avec d'autres moins solennels mais plus inquiétants encore. Il suffisait de se promener dans les faubourgs ou dans les parcs de la ceinture de Madrid pour trouver des jeunes gens et des gens plus mûrs s'exerçant à toutes sortes d'évolutions guerrières ainsi qu'au maniement des armes.

Et ainsi, partout, dans les villes et à la campagne sur les trois quarts du pays. Partout, les gens s'entraînaient à la lutte. Partout, ils se familiarisaient avec les pistolets, les fusils, les mitrailleuses, la poudre et la dynamite.

Cela ne pouvait pas durer.

Et, dans l'intention des vrais dirigeants, cela ne devait pas durer. Pendant la guerre civile, des instructions ont été trouvées sur des rouges et publiées qui prouvent qu'un vaste coup d'Etat était en préparation pour l'établissement de la dictature soviétique en Espagne. Il devait éclater au mois de mai ; puis, au mois de juin. Pour des raisons qui restent jusqu'ici ignorées, le mouvement fut retardé à plusieurs reprises. Finalement, il parait avoir été fixé pour le 30 juillet.

La révolution nationale le fit avorter.

L'ASSASSINAT DE CALVO SOTELO

Relatons les faits. C'est suffisant pour juger de l'abjection dans laquelle s'étaient enfoncés le Gouvernement et le Parlement du Front Populaire.

Il suffit aussi de penser que de telles atrocités avaient lieu en Espagne, pays foncièrement chrétien et chevaleresque, pour comprendre la réaction qu'elles firent éclater.

M. Calvo Sotelo, ancien ministre des Finances de la monarchie, était devenu à la Chambre chef du groupe royaliste de « *Renovacion española* ». Bon parlementaire, jeune, énergique, compétent en matières économiques, excellent juriste, il faisait une opposition méthodique et efficace au gouvernement du Fiant Populaire. Il est évident que les gouvernants lui offraient bien des occasions et bien des bases pour ses catilinaires.

Celles-ci étaient toujours raisonnées et correctes. De ce fait, elles avaient la vertu de mettre hors d'eux les fous délirants de l'aile gauche de la majorité. Souvent. Calvo Sotelo était obligé de s'asseoir, incapable de développer ses arguments et de se faire entendre sous le tumulte, et le vacarme.

Un soir, au commencement de juillet, le ministre de l'Intérieur, un nommé Galarza, déclara à la tribune de la Chambre que « *la violence contre le chef du parti monarchiste ne serait pas un délit* ».

Quelques jours plus tard, le 11 juillet, après un réquisitoire bien fondé et accablant de Calvo Sotelo, la sanguinaire *Pasionaria* récria : « Cet homme a parlé pour la dernière fois ! »

Et c'était exact.

Le 13, à deux heures du matin, une quinzaine de gardes d'assaut sous la conduite d'un capitaine, le capitaine Moreno, arrivent chez Calvo Sotelo. Ils sont tous en uniforme. Ils viennent en voiture officielle : le car N° 17 de la Sûreté Générale.

La porte leur est ouverte. Ils montent à l'appartement du député. Ils le somment de les suivre à la Sûreté. Calvo Sotelo, désolée, : veut téléphoner au gouvernement. On l'empêche de le faire. Sans aucune résistance. Mme Calvo Sotelo suit les agents de l'autorité.

Après son départ, ses familiers se mettent en rapport avec le Président du Conseil. Casares Quiroga. Il dit ne rien savoir. Ils s'adressent au Président de la Chambre. Martinet Barrios. Lui, il est sincèrement frappé et ému par la nouvelle.

Le matin, on trouve le cadavre du leader monarchiste au cimetière de l'Est. Une balle lui est entrée par la nuque et sertie par l'oeil gauche après avoir traversé le cerveau.

Le président de la Chambre pleure. Les chefs politiques de droite font des déclarations vibrantes. Le gouvernement se tait. Personne n'est réellement poursuivi.

Les obsèques donnent lieu à une manifestation sévère et imposante. La police charge et tire sur les manifestants. Il y a un mort et plusieurs blessés.

A la morgue, en présence d'une foule électrisée qui a les yeux secs et la gorge serrée. Goicoechea, chef royaliste, s'adressant au cadavre, déclare :

« *Je ne te promets pas de prier pour toi. Je te demande de prier pour nous. Devant Dieu qui nous écoute, je te promets d'imiter ton exemple et de venger ta mort.*

« *Notre mission est de sauver l'Espagne et nous la sauverons.* »

LA RÉACTION NATIONALE

Le 17 juillet, les gens bien informés apprirent à Madrid que l'armée d'Afrique s'était soulevée contre le gouvernement.

Le 18 au matin, l'Espagnol moyen sut que l'armée nationale venait de déclencher une révolution.

Il comprit immédiatement, parce qu'il vivait la vie espagnole sous le Front Populaire, ce qu'une grande partie de l'opinion étrangère, parce que mal informée, a mis trois mois à comprendre : que, cette fois-ci, il ne s'agissait ·sas d'un simple « *pronunciamiento* » des généraux.

Certes, les militaires avaient été vexés, offensés, persécutés par les gouvernants du Front Populaire. Des centaines d'officiers, parce que suspects, à tort ou à raison de tiédeur républicaine, avaient été séparés des cadres : des généraux, destitués ou relégués à des postes bureaucratiques ; l'aviation et la marine, noyautées avec des cellules communistes pour garantir en tout cas 'se résultat de l'*épuration* faite sous la pression des extrémistes à la solde de Moscou.

Certes, la meilleure et la plus grande partie de l'armée était hostile au gouvernement rouge parce qu'elle voyait guetter derrière ce pantin impuissant le spectre de la dictature soviétique.

Mais le soulèvement du 18 juillet n'était pas un vulgaire *pronunciamiento*. Il n'éclatait pas pour la défense d'intérêts professionnels. Ce n'était pas l'armée qui se soulevait, quoi qu'elle ait eu l'initiative du mouvement. C'était la Nation même, dans tous ses organes non infectés par le poison marxiste, qui se réveillait dans un geste extrême de défense. C'était L'Espagne même qui secouait la tyrannie rouge.

L'Espagnol sain et pacifique le comprit. Et, dans un élan magnifique, des masses énormes de citadins vinrent soutenir de leur enthousiasme et de leurs bras la révolution nationale. La Navarre à elle seule fournit dans les premiers jours plus de 40.000 volontaires civils.

Carlistes, monarchistes libéraux, fascistes, républicains, radicaux et catholiques partirent ensemble. La résistance à l'oppression, devoir chrétien mais aussi droit naturel, *imprescriptible et inaliénable* les unissait.

LA DERNIÈRE CHANCE

Dans la nuit du 18 juillet, une étincelle de raison brilla dans les hauteurs du gouvernement de Madrid.

Le Ministère Casares Quiroga, souillé de sang, fit place un gouvernement plus modéré, sous la présidence de Martinez Barrios.

A qui revint l'initiative et le mérite de ce changement ?

Je ne le sais pas et je ne peux pas le savoir. J'écris encore en pleine mêlée, dans les jours ou le sort de Madrid va se jouer. J'écris après des semaines de cauchemar passées Madrid, à Valence, à Barcelone.

Je ne sais pas non plus, et je ne peux pas savoir, quel était le but exact du nouveau gouvernement. Si c'était d'arrêter par des compromis le mouvement national, il prétendait l'impossible. Si c'était de négocier la reddition, il visait au plus urgent et au plus sage.

En tout cas, c'était une démarche pour tâcher d'éviter la guerre civile.

Mais l'étincelle fut bientôt éteinte.

Les extrémistes étaient alertés. Les membres du gouvernement Casares, encore en fait au pouvoir, marchaient pour la plupart avec eux. Les grands agitateurs. Prieto. Largo Caballero, la *Pasionaria*, entrèrent en jeu.

On commença à distribuer des armes. D'abord, au Ministère de l'Intérieur et à la Préfecture. Ensuite, dans certaines casernes et dépôts. Les stocks dont étaient pourvus la *Maison du peuple* et les autres centres rouges sortirent aussi. Avant l'aube du 19 juillet, des milliers d'extrémistes étaient armés. Et avec eux, la populace et la pègre des bas fonds de Madrid.

Au point du jour, la foule des nouveaux *miliciens* occupa les ministères. Ils exigeaient la déposition du gouvernement Mutinez Barrios et la lutte jusqu'au bout contre l'armée.

Sans s'être même réuni, le gouvernement Martinet Barrios fut remplacé par le ministère jusqu'au-boutiste de Giral. La dernière chance de salut était évanouie.

Et la plus lourde de toutes ces accablantes responsabilités historiques tombait sur les hommes dirigeants de l'Espagne ce moment.

Car, au-dessus de toutes les divergences d'opinions, d'idéal et de partis politiques, il y a de hauts et graves devoirs qui obligent tout gouvernement à tout moment. Et le premier d'entre eux est celui de respecter et de maintenir, au prix de tout sacrifice personnel ou politique, l'intégrité des ressorts élémentaires de l'Etat, qui sont la hase essentielle de l'ordre et de la vie civile.

Si les gouvernants du Front Populaire espagnol sentaient le 18 juillet que ces ressorts leur avaient échappé et étaient aux mains des généraux, ils n'avaient, agissant en vrais hommes d'Etat, qu'à assurer une transmission du pouvoir avec le moins de dégâts pour la Nation d'abord et pour leur idéal politique et leurs partisans ensuite.

Au lieu de procéder ainsi d'accord avec leurs engagements essentiels, ils firent appel aux formations de combat des partis extrémistes, ils firent venir des Asturies des milliers de mineurs et des tonnes de dynamite : ils firent distribuer des armes à tout le monde, sans discernement. Ils trahirent, en somme, leurs devoirs les plus sacrés.

Agissant ainsi, ils mirent le feu à l'Espagne.

Aucune nécessité politique ne pouvait les justifier d'un tel crime.

V.

LA GUERRE CIVILE

LE GOUVERNEMENT FANTÔME

Le gouvernement Giral était encore, en nom, un gouvernement de Front Populaire. La plupart de ses membres appartenaient même aux partis républicains de gauche.

En fait, une fois les extrémistes armés à Madrid par milliers, il devint leur proie. En envahissant les ministères pour empêcher la constitution du gouvernement Martinez Barrios, les miliciens avaient pris eux-mêmes en fait le pouvoir. Plus exactement, ils l'avaient détruit pour instaurer la pure anarchie.

Dans la capitale, après l'assaut des caserne ; et les massacres d'officiers, la populace armée s'assura la maîtrise. Pendant les premières semaines, la prépondérance des socialistes fournit une certaine modération et un semblant d'ordre. Cependant, les anarchistes et la pègre en armes profilaient du désarroi pour pénétrer dans les maisons, pour voler, rançonner et assassiner. Les excès furent tels, qu'un service spécial dut être créé pour tâcher de traquer les bandits et un autre pour ramasser les cadavres laissés chaque nuit sur les pavés et les trottoirs. Chaque matin, pendant bientôt quatre mois, des cars chargés de corps, encore chauds pour la plupart et parfois encore haletants, arrivent ainsi à la morgue. Le nombre des tués à Madrid, pour ces quatre mois, est en moyenne de soixante-dix à quatre-vingts par jour. Le macabre calcul est simple.

Hors de Madrid, l'autorité du gouvernement fut nulle dès le commencement. Dans les villes, comme à la capitale, les organisations ouvrières se partageaient le reste du pouvoir. A la campagne, régnait presque partout la loi de, la jungle. Ainsi, dans la province de Cuenca, par exemple, une bande de quelques centaines d'énergumènes armés jusqu'aux dents parcourt les villages et les hameaux, pillant, assassinant, mettant le feu à tout. Son *actif* monte déjà, selon des références directes, à plus de trois mille meurtres.

Même pour la protection des étrangers, les légations devaient parlementer avec toutes sortes d'organismes révolutionnaires, car le pouvoir officiel n'était plus en mesure de répondre aux besoins les' plus élémentaires concernant leur assistance.

Et quand, en face de l'anarchie grandissante, toutes les puissances décidèrent l'évacuation massive de leurs nationaux de toutes les provinces sous le pouvoir des rouges, le corps diplomatique, qui avait bien constaté que les visas, les cachets et jusqu'aux passeports signés Or le ministre des Affaires Ettaigires étaient moins que des chiffons de papier, négocia avec la F. A. I., la C. N. T., les J. S., la U. G. T., le P C., les A. L. et le P. O. U. M.

LA GUERRE DES ANAGRAMMES

Car dès le début ce lut, et c'est encore, la guerre des Anagrammes.

La presse mondiale a répandu leur image dans le monde entier, peinte en blanc sur des cars volés. Ils se partagent les autos, les crimes et le pouvoir public.

Voici, pour quelques-uns d'entre-eux, leur signification :

F. A. I........ . = Fédération anarchiste ibérique :
C. N. T. . ... = Confédération Nationale du Travail ;
J. S. ... . = Jeunesses Socialistes ;
U. G. T. .... = Union Générale des Travailleurs ;
P. C.. .... = Parti Communiste ;
P. O. U. M. ... . = Parti Ouvrier d'Unification Marxiste ;
A. L. .... = Athées Libertaires.

Idiot et tragique mimétisme d'un pays qui a remplacé son nom éternel, plein de tradition et de beauté. par des froides initiales, ces anagrammes sont le symbole de la souveraineté espagnole déchirée et avilie.

LE GOUVERNEMENT LARGO CABALLERO

Le gouvernement du Front Populaire constituait une équivoque qui ne tenait plus. Pas même dans certains pays étrangers où pourtant la presse de gauche persistait à agiter le grossier épouvantail du *fascisme espagnol* en lutte contre le gouvernement *libéral, démocratique et légitime*.

En tout cas, l'équivoque cessa le 7 septembre.

Ce jour-là, le « *Lenine espagnol* » fut nommé président du Conseil des Ministres.

Avec lui, le communisme prenait le pouvoir. Entièrement. Car si seulement six portefeuilles — la moitié — passaient aux communistes et aux socialistes moscoutaires, en fait, c'étaient les Soviets qui prenaient à Madrid les leviers de commande.

LES APPRENTIS SORCIERS

Si le Komintern, à qui le rôle d'*éminence grise* est chère, se décidait à passer ainsi prématurément au premier plan, c'était parce qu'il sentait l'Espagne rouge lui échapper, anéantie par l'anarchie.

Sur les fronts de combat, les masses sans ordre et sans discipline des miliciens marxistes, pourtant riches en hommes et largement pourvues de matériel de guerre, se faisaient battre par les nationaux en Andalousie, en Estramadure, à Tolède, au Pays basque.

A l'arrière, une semblable confusion régnait. Anarchistes, syndicalistes, *libertaires* et simples bandits, préféraient piller, violer et massacrer plutôt qu'aller au front. Ils commençaient déjà à s'entretuer à Valence, à Barcelone, à Malaga, à Madrid. Le semblant d'ordre et d'organisation conservé par certains groupes socialistes et par les communistes ne pouvait rien contre cette décomposition grandissante.

La sécurité personnelle devenait précaire pour tous. Même pour des gens de gauche, même pour des socialistes ; même pour des communistes ; même pour les membres du gouvernement.

Les hommes de la première heure du Front Populaire se sentaient en danger.. Comme l'apprenti sorcier de la légende, ils avaient libéré les forces infernales. Ils se sentaient impuissants pour arrêter les crimes monstrueux, les maux atroces qui étaient leur oeuvre. Comme lui, ils se voyaient déjà eux-mêmes en danger.

Et, soulevant le dégoût universel, même des communistes dont l'organe à Madrid à « *Mundo Obrero* », dénonça en septembre le jeu, un ignoble défilé commença, sous le couvert des missions à l'étranger. Des anciens ministres des premiers gouvernements du Front Populaire, des hauts fonctionnaires, des députés radicaux-socialistes, socialistes et communistes partirent pour des fonctions et des postes diplomatiques auxquels rien ne les vouait.

Jusqu'à des ministres du gouvernement Largo Caballero, et même les *managers* de celui-ci, qui se firent nommer pour des légations et des consulats sur le sol *capitaliste* mais hospitalier de la France, de la Suisse, de la Belgique, de l'Angleterre,,.

D'autres, par douzaines, partirent pour des missions mystérieuses partout en Europe et au delà des mers ; des missions dont jamais ils ne revenaient au paradis rouge de l'Espagne qui pourtant était leur œuvre à eux.

UNE GUERRE : DEUX SYMBOLES

Je ne vais pas parler de la guerre civile même. Je ne veux pas parler d'elle.

D'abord, parce qu'elle se poursuit encore. Aux jours de la bataille pour Madrid auxquels j'écris, elle est à son tournant le plus décisif.

Ensuite et surtout, parce que son image atroce est déjà connue, trop connue même, dans le monde entier. Je ne veux pas contribuer pour la moindre part à ce macabre et lamentable étalage d'horreurs. Scorie et honte de l'Espagne, les hordes anarchistes sont quand même espagnoles.

De la guerre, je ne vais que mettre en évidence deux symboles. Je ne les choisis pas Ce sont eux, les deux partis en lutte, qui les ont élus l'un et l'autre, chacun pour son propre honneur.

L'ALCAZAR

Les nationaux ont fait de la geste de l'Alcazar de Tolède leur plus beau panache.

Rappelons les faits saillants de sa chronique.

Le 19 juillet, à l'échec de la révolution militaire à Madrid, à Guadalajara, à Alcala, à Tolède, les nationaux de cette dernière vide s'enferment à l'Alcazar avec leurs familles, ils croient le mouvement échoué partout en Espagne, mais ils sont décidés à mourir plutôt que de se rendre.

Ils sont 1,800 environ, 300 à 400 femmes et enfants ; 600 gardes civils ; 250 officiers et cadets ; 100 phalangistes ; de nombreuses personnalités de droite.

Ils ont des fusils et des munitions en abondance, quelques mitrailleuses et deux pièces de campagne avec 16 coups pour chacune. Comme *provisions*, du pain noir, de la farine et les 250 chevaux et mulets des écuries de la forteresse.

Des milliers de rouges armés de toutes les armes modernes les attaquent. Pendant les 60 jours du siège, des batteries les martèlent du matin jusqu'au soir. L'aviation rouge leur envoie des centaines de torpilles et des tonnes de matières enflammées, 1.500 obus de 155, 10.000 de 105 et de 75, plus de 500 bombes d'aviation tombent sur le beau château de Charles V. Finalement, il est détruit. Car les marxistes creusent une mine sous l'Alcazar et font exploser deux tonnes de dynamite.

L'Alcazar tombe en décombres; mais ses défenseurs continuent à lutter dans les souterrains et les cours en ruines.

L'armée nationale, partie de Séville, arrive le 27 septembre à Tolède. A 18 h. 30, la cinquième *bandera* du *Tercio* se présente à l'Alcazar. Les assiégés sont délivrés.

Ils ont eut 500 blessés et 83 morts. Pas une seule femme n'a été tuée, ni blessée. Une vieille dame malade est morte; et deux bébés sont nés pendant le siège. Les médicaments ne manquaient pas mais le chloroforme fut épuisé et de nombreuses amputations durent se faire sans anesthésie.

Le commandant de l'Alcazar, le Colonel Moscardó, remet la position au général Franco.

Lui, il a reçu une blessure effroyable. Blessure morale. Son fils, jeune cadet, a été fait prisonnier par les marxistes. Le chef rouge appelle le père au téléphone. Il le somme de se rendre avec ses troupes. S'il continue à résister, son fils sera fusillé. On fait venir le jeune cadet au téléphone.

Le Colonel Moscardó se borne à recommander à son fils de mourir en bon chrétien et en brave officier. Pire et fils se disent adieu.

Le jeune Moscardó est assassiné.

Voilà pour la geste de l'Alcazar.

LE DINAMITERO

C'est triste, c'est incroyable, mais c'est exact : le *dinamitero*, littéralement, « l'homme à la dynamite », est le héros élu par les marxistes espagnols comme leur symbole.

Pourtant, la dynamite n'est pas une arme de guerre. Elle n'est que rarement employée dans les opérations guerrières. Parfois, dans des mines comme celle creusée sous l'Alcazar ou pour détruire des ponts ou (les travaux d'art. Même là, son utilisation est forcément dépourvue de toute vaillance et de toute beauté. Elle n'est pas l'arme d'un héros : elle n'est que l'engin occasionnel d'un technicien.

D'ailleurs, le *dinamitero* n'est pas un héros de guerre. Il est le symbole de la destruction, mais de la destruction l'arrière.

Sa sombre légende naquit en 1934, dans la rébellion des Asturies. Là, *dinamitero* c'était le mineur des mines de charbon, détruisant, loin de tout danger grave, les riches demeures des bourgeois d'Oviedo si longtemps convoitées par lui. Et avec elles, les églises gothiques, et l'Université, et toutes les richesses artistiques de la ville.

A présent, le *dinamitero* c'est l'homme qui a réduit en cendres la ville coquette d'Irun ; c'est l'incendiaire de Badajoz ; c'est le destructeur des églises de Barcelone, de Lerida, de Gerona, de Castellon, de Valence, d'Alicante, de Murcie, de Cuenca, de Madrid.

C'est lui qui a fait disparaître des quartiers entiers de la belle Malaga. C'est lui qui dans plusieurs villes andalouses a assassiné des centaines de malheureux emprisonnés comme otages. à coup de cartouches de dynamite. C'est lui qui a répété le jeu à Valence et à Carthagène. C'est lui, enfin, qui à l'heure on cette brochure est écrite fait sauter, ivre de carnage et de destruction, les édifices de la capitale : peut-être le Palais Royal, peut-être l'Ermitage de Goya, peut-être le Prado...

De cette pauvre brute empoisonnée de rancune, de haine et de marxisme, l'Espagne rouge — le choix est à elle — a fait son symbole.

VI.

L'Espagne empoisonnée

LE MOTEUR DU MARXISME

Un vent de folie secoue l'Espagne.

En pleine vibration des passions les plus troubles, communistes, socialistes et anarchistes s'accordent dans la haine, la cupidité et le sadisme. C'est le plein épanouissement du meurtre, du vol, de l'incendie, de la torture, du viol, de la destruction Dure et simple. Du plus chaotique désordre surtout.

C'est la négation flagrante de la doctrine marxiste et l'apothéose du marxisme.

Je m'explique.

Quiconque observe et étudie dans la vie le mouvement marxiste après avoir réellement approfondi dans les livres sa théorie est d'abord étonné par la disproportion entre l'énorme influence du marxisme sur la vie entière de notre temps et la pauvreté scientifique de ses doctrines.

Plus tard il arrive à cette conséquence : dans le marxisme militant, les doctrines ne sont que le *camouflage* pseudo-scientifique de ses impulsions effectives pour la plupart intuitives et passionnelles. Le bolchevisme n'est pas une thèse intellectuelle : il est un état de passion.

Affirmation sans doute hérétique pour les *croyants*...

Car eux, ils ont voulu faire des œuvres de Karl Marx et Friedrich Engels une sorte de théologie bolcheviste. Avec ses commentateurs et ses exégètes. Même avec ses hétérodoxes et ses fondateurs.

Pourtant, ce n'est pas la théorie de la plus-value, ni celle de la concentration, ni celle des crises, ni celle du matérialisme historique — toutes à peu près inconnues et d'ailleurs incompréhensibles pour la presque totalité des gens capables de se faire tuer... ou tout au moins de tuer pour le marxisme — qui soutiennent et exaltent leur fanatisme.

Le réel moteur de leur action, si souvent frénétique, est bien loin de tout ce *galimatias* érudit. Bien loin aussi d'un élan généreux vers le bonheur du plus grand nombre qui était au fond du socialisme pré-marxiste, qui forme encore la hase sentimentale du socialisme chrétien, du socialisme *de chaire*, du labourisme.

Le moteur réel réside au plus profond de leurs âmes, dans la zone trouble de l'être humain, là ois fermentent les désirs les plus violents et les appétits les plus désordonnés : la haine, la rancune, l'impatience, l'envie, le désir de revanche, la soif des jouissances matérielles les plus âpres.

Il consiste dans un mélange de toutes ces impulsions élémentaires, irraisonnées et puissantes.

C'est ça la véritable quintessence du bolchevisme. C'est ça le secret de sa puissance. Et la tache primaire de l'agitateur ne consiste qu'à tenir en vive ébullition ce mélange diabolique.

LE COMPLEXE D'INFÉRIORITÉ

C'est ce mélange qui boue it explose dans l'Espagne rouge d'aujourd'hui.

Il s'y répand partout, et partout il exalte et fait jaillir dans l'esprit des masses le *Minderwehrtigkeitskomplex* (complexe d'infériorité) des modernes psychologues autrichiens, ou, si vous préférez un nom moins scientifique et peut-être moins exact, mais plus simple, plus chrétien et plus français : l'envie.

Ce sont en effet les ratés qui minent partout le jeu. Non seulement les ratés du point de vue social et économique, mais aussi et surtout les ratés, les inférieurs du point de vue purement humain : les infirmes, les vicieux, les dégénérés moraux et physiques, les *sous-hommes*.

A Madrid, la plupart des bandes d'assassins sont dirigées par des maniaques, par des drogués, par des invertis. A Barcelone, un bossu, chétif et dégénéré, préside le tribunal de salut public qui siège à l'antique résidence de M. Cambo ; et l'équivoque quartier dit de la Chine fournit les principaux meneurs de la dévastation. Partout dans le Pays, ce sont les nigauds et les malades rancuniers qui excellent dans l'extermination de tous les êtres qu'ils sentent supérieurs. Partout ainsi les prévisions de la doctrine marxiste font faillite tandis que l'essence passionnelle et intime du marxisme triomphe.

LES EMPOISONNEURS

Puisque la moisson est en plein épanouissement, pensons aux semeurs.

Ils sont les principaux coupables des excès d'une pauvre populace primitive et violente, hallucinée par leurs mensonges. Ils sont aussi les responsables du carnage effroyable fait par la guerre civile parmi leurs malheureux miliciens rouges.

La propagande marxiste en Espagne date de loin. Nous l'avons vue se répandre amplement pendant les cinq années de République et s'intensifier jusqu'au paroxysme et à la fois porter ses fruits sous le Front Populaire, lui-même son leurre.

La propagande rouge en Espagne procédait de la même origine dont procèdent tous les maux de cette malheureuse Europe de l'après-guerre : de la profonde déchéance actuelle des valeurs morales.

D'une façon générale, cette propagande condensait le trouble des esprits, général en Espagne comme partout.

D'une façon directe, cette propagande portait l'empreinte de l'Union des Républiques Socialistes Soviétiques.

L'influence et l'intervention russes dans le procès qui a abouti à la guerre civile espagnole et, plus directement encore, dans cette guerre sont indéniables.

Les agissements des bolcheviks, au cours des dernières années, le prouvent. Et leurs actes, leurs paroles et leurs gestes, sans masque, au grand jour, dans les dernières semaines le mettent en évidence.

Rappelons-nous à ce sujet quelques faits principaux.

Mais d'abord, évoquons certaines illusions.

L'U. R. S. S. ET L'OURS

Notre pauvre Europe, si souvent effrayée, toujours inquiète, guette tous les faits et tous les espoirs capables de calmer tant soit peu, ses soucis. Même si ce ne sont que des chimères. Elle en a bâti de biens vaines.

De 1932 à 1935, elle en forgea une très dangereuse. Je l'ai vu acceptée comme article de foi dans des milieux, pourtant bien éclairés, à Madrid, à Paris, à Londres, à Prague, à Stamboul même à Rome. Cette belle et dangereuse illusion pourrait se résumer ainsi :

L'Union des Républiques Socialistes Soviétiques n'est plus un d'où pour l'Europe. Elle a cessé d'être le foyer principal d'où rayonnait la propagande subversive, *le pouvoir temporel de l'église communiste.*

Plus encore, l'U. R. S. S. est devenue aujourd'hui un appui positif pour la paix européenne.

Car Moscou se sent à présent absorbé par un seul but : asseoir solidement le régime communiste en Russie. Il croit désormais que ses institutions peuvent se consolider sans être instaurées dans le reste du monde. L'U. R. S. S. a besoin de paix. Elle veut donc sincèrement la paix. Une et indivisible. De là son attachement et son active collaboration à Genève.

L'U. R. S. S. ne désire plus s'immiscer dans les affaires des autres pays. Elle est lasse de ses lourds échecs en Allemagne, en Pologne, aux pays baltes, en Hongrie, en Extrême-Orient, en Chine.

Voilà l'histoire rassurante.

Hors de Russie, elle était encore enrichie par de séduisantes considérations. En voici quelques-unes :

La rectification de la politique intérieure russe est profonde et évidente. L'opportunisme stalinien, avec sa nouvelle bourgeoisie des fonctionnaires, des militaires, des *spezies*, avec l'évolution de ses coopératives, avec le rétablissement partout des hiérarchies et des classes, est bien loin du communisme qu'il déclare encore poursuivre comme un but. Bien loin même du socialisme qu'il se dit en train de bâtir.

Même dans l'industrie, le *stakhanovisme* a achevé le coup de barre à droite.

L'inquiétude qui règne *à gauche* dans le pays prouve bien que les vrais communistes, les *purs*, sont de plus en plus déçus et mécontents dans la Russie soi-disant soviétique. Les arrestations et les déportations massives de trotzkistes au cours de ces derniers mois fournissent de nouvelles preuves. Une bien retentissante a été au mois d'août le procès et l'exécution des plus illustres fauteurs du bolchevisme.

Car, au point de vue personnel non plus, rien ne reste, hors Staline, du communisme de 1917. Le bureau du parti bolcheviste était alors constitué par : Lénine. Trotzky. Zinoviev. Kamenev. Rykov. Tomski et Staline. Or Lénine est mort. Trotzky, en exil. Zinoviev et Kamenev viennent d'être exécutés par Staline. Rykov est destitué et Tomski s'est suicidé en prison. Tout un Thermidor en plusieurs actes...

L'U. R. S. S. est, du point de vue politique, une dictature personnelle. Du point de vue économique, un capitalisme d'Etat. Du point de vue, social, un pays où la propriété et la famille renaissent et dans lequel de nouvelles classes nettement différenciées se forment. Au fond, la différence, pour la grande majorité des Russes avec 1913 n'est pas profonde.

La sainte Russie a donc trouvé son tsar rouge dans la personne du Georgien Joseph Vissarionovitch Djougachvili, que le monde a accepté de nommer Staline.

L'U. R. S. S. est redevenue l'*Ours,* symbole éternel du pays.

Lequel a trouvé à nouveau un grand dompteur, comme il les trouva jadis avec Boris Godounov, avec Catherine, avec Pierre, avec Alexandre. Une fois le fauve apprivoisé, le danger pour l'Europe est fini.

Voyez comme l'histoire était séduisante !

Moi-même, j'ai subi son charme. Et j'ai été tenté de la croire vraie. Surtout, lorsqu'en Russie j'ai constaté directement, de plus en plus à chaque voyage, que pour tout communiste intelligent et de bonne foi. *Moscova veduta* doit signifier sans doute *fede perduta*[1].

L'histoire, cependant, était fausse, radicalement fausse.

MIRAGE À L'ORIENT ET FAITS À L'OUEST

Il suffisait de regarder sans préjugé ce qui se passait en Occident en Espagne surtout, pour s'en convaincre.

En dépit de certains de ses actes et de toutes ses déclarations officielles, le gouvernement de l'U. R. S. S. demeure profondément imprégné de messianisme communiste. Sous le couvert, d'ailleurs bien transparent, du Komintern, il n'a cessé et ne cesse de poursuivre la révolution mondiale. Celle-ci reste son but.

Ses agissements en Europe occidentale le prouvent. Son action en Espagne le met en évidence.

L'U. R. S. S. ET L'ESPAGNE

En Espagne, déjà signalée par Lenine comme le deuxième pays à bolcheviser, son intervention a été persistante, intense et croissante.

Elle y a entretenu d'abord une propagande riche en moyens économiques, par le livre, par la presse, par le cinéma.

Il n'y avait qu'à se promener dans les rues de Madrid ou de Barcelone pour constater que les vitrines des libraires étaient pleines d'une littérature rouge variée, abondante, bien éditée, bon marché. Parfois, la marchandise subversive débordait sur des chariots et des boites des marchands ambulants. Dans les villages, c'était souvent la seule lecture qu'on trouvait en vente.

---

1. — Moscou vu = Foi perdue.

Et de même pour les journaux et les films. Même abondance des moyens techniques ; même large diffusion.

La propagande orale était aussi intense. Des centaines d'agitateurs professionnels parcouraient le pays, déversant sur une population simple et facile à irriter, tous les venins du catéchisme bolcheviste.

A la faveur de cette préparation d'artillerie morale. le gouvernement de l'U. R. S. S., dit à ses fins le Komintern, prenait partout dans le pays des positions sous le couvert du parti communiste espagnol. Avec une adresse positive, il tirait les ficelles des pantins rouges indigènes, qui pourtant étaient bien rudes. Il les avait instruits ; il les dirigea ; il les finança.

Le tout, d'une façon occulte, sournoise, jusqu'à la victoire du Front Populaire.

Déjà la constitution de celui-ci, annoncée de Moscou, dirigée à Madrid par le *Lenine espagnol*, eut lieu presque au grand jour. Un jeu à moitié dévoilé fut mené de février à juillet. Sur une Espagne déjà gangrenée par le Bolchevisme. Moscou croyait sans doute pouvoir forcer sa chance. La guerre civile fit ce jeu encore plus intense et plus franc.

D'ailleurs, il devenait très difficile à cacher. D'abord, par sa nature : on ne fournit pas des tanks, des avions et des officiers en cachette,. comme on fournit des millions ou des instructions ou des tracts de propagande. Ensuite, parce que les *nationaux* dénonçaient ces agissements, signalant par leurs radios et leurs journaux toute prise de combattants russes ou d'engins *made in Russia*. Enfin, parce que les rouges espagnols, bavards ou désespérés, ne se cachaient pas non plus pour proclamer la collaboration et l'aide généreuse des *tovaritchki* moscovites.

L'OURS N'EST PAS APPRIVOISÉ

Ainsi, s'il est juste d'affirmer qu'à l'intérieur, l'U. R. S. S. a profondément évolué, ce n'est qu'une dangereuse erreur d'en déduire que cette évolution a coupé, ni même réduit, la virulence de son action à l'étranger.

Elle continue à semer partout la révolution. En Espagne, elle a poursuivi d'une façon systématique la transformation de la République démocratique en dictature communiste sous sa tutelle.

Face à une Europe démocratique qu'elle croyait affaiblie et à une Allemagne qu'elle sent décidée à ne plus refaire le chemin de Brest-Litovsk à Rapallo, l'U. R. S. S, a voulu se conquérir un point d'appui à l'ouest.

Elle a échoué. L'Espagne était intoxiquée, mais vivante. Capable de réagir. Et sa réaction est en train de la libérer.

LE MASQUE EST JETÉ

En face de cet échec. Staline même a déclaré publiquement, au mois d'octobre, que le triomphe ou la défaite de l'Espagne rouge n'était plu, une affaire privée des Espagnols, mais la cause du communisme mondial.

Et l'U.R.S.S. a intensifié ses apports de matériel, d'armes, de munitions, de tanks, d'avions et d'hommes : d'officiers, d'organisateurs, de techniciens.

De plus en plus, d'une façon ouverte, cynique, impudente. Ses bateaux, le *Kouban*, le *Neva*, le *Zirianine*, entre autres, arrivent à Carthagène, à Barcelone. Ils y déchargent des centaines de tonnes de matériel parmi l'enthousiasme bruyant et indiscret des miliciens rouges. Ses hommes assistent à des fêtes publiques organisées en leur honneur. Ils y adressent la paroles aux camarades espagnols et leurs discours sont radiodiffusés par Union Radio ou par Radio Barcelone.

Ses officiers, en uniforme, l'étoile rouge au casque pointu, sont acclamés dans les rues de la capitale.

Son consul à Barcelone. M. Antonev Avseenko, ex-officier de l'armée du tsar, ex-ambassadeur à Varsovie, dont la brillante carrière s'harmoniserait mal avec son poste modeste d'aujourd'hui, si ses fonctions n'étaient que les normales, dirige en fait l'organisation de l'armée rouge catalane et le ravitaillement par les ports de la Méditerranée.

Des bateaux naviguant sous pavillons norvégien et danois, en fait propriété de l'U. R. S. S., y collaborent.

Ses militaires, ses techniciens prennent part aux combats autour de Madrid. Par douzaines, ils sont tombés déjà, parfois morts, parfois vivants, dans les mains des nationaux. Ses avions, pilotés par ses propres aviateurs, luttent à Madrid.

Ses tanks, avec leurs équipes, aussi.

Enfin, son ambassadeur. M. Marcel Rosenberg, remplit ouvertement le rôle de conseiller aulique permanent de Largo Caballero et en fait celui de tuteur de son gouvernement chancelant.

Celui-ci profite donc de l'aide russe sous toutes les formes imaginables. Aux miliciens rouges de payer cette aide en mourant pour les intérêts politiques et révolutionnaires de l'U. R. S. S.

« VIVA RUSIA »

Et pour qu'aucun doute ne soit permis, ils combattent au cri de « *Vive la Russie!* », fait incroyable, mais constaté par tous les correspondants de guerre. Symptôme honteux, mais bien éloquent.

Déjà longtemps avant juillet, le cri de *Vive l'Espagne!* était considéré comme rétrograde et *délictueux* dans l'Espagne du Front Populaire.

Au Parlement, il était immédiatement étouffé sous des hurlements et des « Vive la République! » ou « Vive la révolution! ». Dans la rue, à la campagne, celui qui osait le proférer risquait fort sa peau. Et l'échu rouge était la plupart du temps : « Vivent les Soviets! » ou « Vive la Russie! ».

« *Visa Rusia!* » Parmi toute cette mosaïque de cris, c'est ce dernier qui, au cours de la guerre civile, a survécu à tous les autres. La sagesse populaire dit en Espagne qu'il n'y a que les fous pour mettre en évidence la vérité. Certes, dans les rangs marxistes, ils sont légion...

Trotkistes du P.O.U.M.

VII.

LE BILAN DE LA MAINMISE ROUGE SUR L'ESPAGNE

UNE EXPÉRIENCE CHÈRE

La guerre fait rage encore en Espagne. Madrid n'est qu'assiégée. Près de la moitié du Pays est encore au pouvoir des marxistes. Même dans les régions libérées, l'inventaire des dégâts n'est pas fait.

Il est donc trop tôt pour tâcher de dresser un bilan de la malheureuse expérience dont nous venons de suivre *grosso modo* les étapes les plus essentielles.

Mais, si nous ne pouvons pas mesurer les maux que l'Espagne a soufferts, ni prévoir ceux qu'elle doit endurer encore, il y a un fait sur lequel aucun doute ne nous est plus permis : Que ces maux sont infiniment grands ; que l'Espagne est profondément ravagée, atteinte pour longtemps.

La grande guerre l'avait épargnée, la révolution et la guerre civile signifient déjà pour elle : du point de vue matériel, une ruine équivalente ; du point de vue moral, des dégâts bien plus graves.

L'Espagne est en train d'être sauvée des deux dangers les plus atroces qui la menaçaient : l'anarchie noire et la vie morne de la termitière marxiste. Mais elle y échappe au prix de blessures très cruelles. Laissant sur le champ de bataille beaucoup d'hommes et bien des choses.

La mort a fait déjà, et continue à faire encore en Espagne une large moisson. Parmi les personnes, parmi les choses, parmi les institutions.

DES CADAVRES QUI POURRISSENT AU SOLEIL

Sur le terrain des institutions, trois gros cadavres pourrissent déjà au soleil.

Le Socialisme modéré, tué par le bolchevisme qui est l'ennemi de toute évolution, de toute politique sociale, de tout progrès dans l'ordre.

La Démocratie, tuée par le bolchevisme qui est la négation des droits du citoyen.

La République, tuée aussi par le bolchevisme qui nie, mine et détruit la liberté, comme il nie, mine et détruit la propriété.

RUINE MATÉRIELLE

Sur le terrain économique, quatre plaies se sont abattues sur l'Espagne :

Une partie importante de son capital technique — usines, édifices, travaux d'art, voies de communication, bateaux, machines, stocks — a été détruit.

La production industrielle et même agricole ont subi un arrêt qui dure depuis des mois et un trouble qui sera sans doute beaucoup plus long.

Les cinq cents tonnes d'or fin que la Banque d'Espagne gardait dans ses souterrains de Madrid comme couverture de ses billets, ont été emportées à l'étranger et seront, peut-être, en grande partie perdues.

L'équipe dirigeante, enfin, de la vie économique espagnole a été décimée. Dans certaines régions, exterminée.

De ces calamités, la première est la plus apparente. La troisième celle qui, en Espagne, afflige le plus la masse, la quatrième, à mon avis, la plus grave. Sans doute, la plus difficilement réparable.

RUINE SPIRITUELLE

Sur le terrain de la Religion. il faut en revenir aux atrocité ; des Turcs sous Soliman, ou aux persécutions des empereurs romains, pour trouver pareil cortège d'évêques torturés, de prêtres et de religieux massacrés, de religieuses offensées, d'églises détruites, d'image, profanées, de populations entières tenues loin de toute pratique religieuse sous la contrainte et la terreur.

Même les exploits russes de 1917 à 1921 ont été surpassés. Sur le terrain culturel, une large partie du trésor artistique espagnol, héritage grandiose de tant de siècles, a succombé au pillage, à l'incendie, à la dynamite. Des douzaines de riches bibliothèques et archives ont brûlé. L'élite scientifique et intellectuelle du pays a été décimée. Enfin, non seulement toute activité éducatrice est suspendue dans la plus grande partie de l'Espagne depuis des mois ; mais la population, la jeunesse surtout, est la proie depuis longtemps d'une vaste campagne d'abrutissement systématique.

Sur le terrain des sentiments, la ruine est encore plus désolatrice.

C'est d'abord la haine. Jamais des adversaires appartenant des nations différentes n'ont manifesté les uns contre les autres une haine semblable à celle qui met l'Espagne d'aujourd'hui en délire.

C'est ensuite l'inquiétude. Pour tous, l'inquiétude grave du lendemain. Pour la plupart, l'inquiétude terrible du fils, du frère, du proche au front de combat ou à la merci de l'adversaire. Pour les malheureux au pouvoir des hordes marxistes, pour les assiégés, pour les poursuivis, pour les milliers d'otages, l'inquiétude hallucinante de la mort, de la torture, qui guettent à chaque instant... Et ainsi, souvent, pendant des mois.

C'est, enfin, la douleur. Trois Espagnols sur quatre pleurent déjà la mort, la blessure grave, la prison ou la démence du proche parent. Chacun a perdu de bons amis. Tous, le fruit de plusieurs années de travail et d'épargne. Des dizaines de milliers d'Espagnols, tout ce qu'ils avaient au monde : famille et biens.

L'Espagne victime expiatoire

Le bilan de la mainmise communiste sur l'Espagne et du Front Populaire qui fut son ouvre s'avère ainsi à la fois défaillant et tragique.

La guerre civile espagnole n'est que la création vitale défensive d'une Nation qui se sentait dans les transes de la mort.

L'expérience a été et est encore lourde de catastrophes.

Malgré tous les mirages et toutes les erreurs d'une Europe qui s'obstine à ne pas voir clair, elle devra rester riche d'enseignements.

Novembre 1936.

Table des matières

I.
La république et le front populaire 5

II.
Les partis composants du front populaire 11

III.
Le règne du front populaire 19

IV.
L'éruption de juillet 27

V.
La guerre civile 33

VI.
L'Espagne empoisonnée 39

VII.
Le bilan de la mainmise rouge sur l'Espagne 47

Général Francisco Franco

Groupe de miliciens le 16 août 1936, pendant la guerre civile en Espagne, à Guadmur.

L'enrôlement des femmes dans les forces gouvernementales se poursuit alors que la guerre civile espagnole entre dans son deuxième mois.
Ici, des hommes et des femmes soldats sont sur le point de partir au front dans le district de Guadaramma, dans les montagnes, où des combats intenses se déroulent depuis des semaines.

Prix : 3 francs (réduction par quantité).
Pour les commandes par quantité, s'adresser au
**CENTRE D'ÉTUDES POPULAIRES
ET SOCIALES**
(Boite postale n° 29. – Paris-18ᵉ)

LES JUIFS ET LE TALMUD
Morale et Principes sociaux des juifs

NON CENSURÉE

L'auteur du présent ouvrage, au cas où quelque inexactitude théologique lui serait échappée dans les pages qui suivent, déclare la rétracter par avance Fils soumis de l'église Romaine, il subordonne au jugement de Celle-ci toute la doctrine de son livre.

Flavien Brenier

Les anciennes apostasies d'Israël. — La Captivité de Babylone et les Pharisiens. — Le Christ et les Pharisiens. — L'origine juive des persécutions antichrétiennes. — Le Sanhédrin restauré et le Talmud. — Les rabbins et le Talmud au dessus de Dieu et de la Bible. — Dieu, les Anges et les Démons selon le Talmud. — À travers le Talmud. — Quelques préceptes de morale judaïque. — Autres préceptes de morale judaïque. — Valeur actuelle du Talmud. — Conclusion.

Augmenté de six illustrations

———<o>———

Aucun problème ethnique ou religieux ne s'est posé, à travers l'Histoire, d'une manière plus générale, plus continue et plus obsédante que le problème Juif. Aussi loin qu'on se reporte depuis que les Juifs sont campés au milieu des nations - et cette manière de vivre est bien antérieure pour eux à l'époque où les armées romaines leur infligèrent ce qu'on appela « la dispersion » - on trouve les Juifs en lutte avec tous les peuples qui les ont reçus dans leur sein. Les convulsions de cet éternel conflit emplissent une partie de l'Antiquité et tout le Moyen-Âge. Dans les temps modernes, si la lutte entre l'élément juif et les éléments chrétiens et musulmans revêt un caractère d'acuité moindre, c'est qu'Israël a eu l'habileté de cacher son agression, jadis presque toujours directe, sous mille masques habilement fabriqués. Mais qu'on soulève au hasard l'un de ces masques, et, sous le péril qui menace chaque peuple dans sa sécurité nationale, dans sa prospérité matérielle, dans sa liberté religieuse ou dans sa paix sociale, presque toujours on trouvera le Juif.

———<o>———

Pour commander : librisaeterna.com

ISBN : 9781648582257

Format 152 x 8 x 229 mm, 142 pages.

L'ORGANISATION SECRÈTE DE LA FRANC-MAÇONNERIE

NON CENSURÉE

Jean Marquès-Rivière, orientaliste, essayiste, journaliste et scénariste français. Fasciné dans sa jeunesse par le bouddhisme tibétain, la théosophie et le traditionnalisme de René Guénon, il devient, au milieu des années 1920, membre de la Grande Loge de France, avant de rompre, en 1931, avec la franc-maçonnerie et de se tourner vers le fascisme. Sous l'Occupation allemande, il collabore au sein du Service des sociétés secrètes et s'investit dans la propagande antimaçonnique et antisémite avec le film Forces occultes et les expositions Le Juif et la France et La franc-maçonnerie, fossoyeuse de la paix. Ayant fui à l'étranger dès 1944 et trouvé refuge en Espagne franquiste, il est condamné à mort par contumace et à la dégradation nationale en 1949.

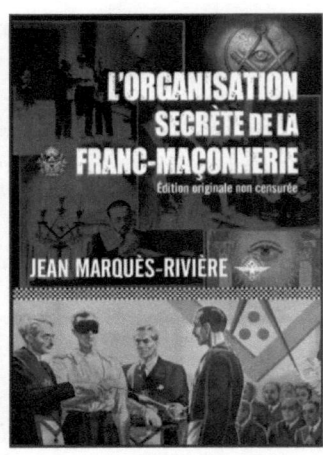

Augmenté de neuf illustrations

Le nom du faisceau qui les entoure est le silence

Dictature...

Ce mot est à la mode ; il ne veut rien dire.

Il y a la dictature du prolétariat avec un demi-million de morts ; il y a la dictature italienne qui a rénové une nation ; il y a la dictature hitlérienne qui fait quelques bêtises...

Un mot vide de sens. À Rome — j'entends la Rome antique — la dictature était décrétée par le Sénat, pour six mois. Et le dictateur n'était qu'un magistrat souverain et temporaire, investi de l'autorité suprême dans les moments difficiles de la République. Un Cincinnatus, un Camille illustrèrent cette fonction. Actuellement, la dictature signifie autorité absolue, incontestée, « totalitaire » comme l'on dit, appuyée sur la force et établie, en quelque sorte, au-dessus des lois, la remise sans contrôle aux mains d'un seul, ou d'un groupe de partisans, du soin de la collectivité.

Mais il y a aussi des dictatures occultes ; ce sont les plus dangereuses, car tout le monde les ignore.

Pour commander : librisaeterna.com

ISBN : 9781637905951

Format 178 x 9 x 254 mm, 164 pages.

EN VENTE

CHEZ LE MÊME ÉDITEUR
librisaeterna.com

Anonyme – *La huitième croisade.*
 « – *Le survivaliste. Bienvenue en enfer.*
 « – *L'Église éclipsée.*
Gaston-Armand Amaudruz – *Le peuple russe et la défense de la race blanche.*
 « « « – *Nous autres racistes.*
Adrien Arcand – *Le Communisme installé chez nous
    suivi de la révolte du matérialisme.*
 »   » – *Le christianisme a-t-il fait faillite ?*

Backe Herbert – *La fin du libéralisme.*
Itsvan Bakony – *Impérialisme, Communisme et judaïsme.*
Jean-Louis Berger – *Un honnête Homme égaré à L'Éducation (manipulation) Nationale.*
Baruteil Pierre (Puig A.) – *La race de vipères et le rameau d'olivier.*
René Bergeron – *Le corps mystique de l'antéchrist.*
Karl Bergmeister – *Le plan juif de conspiration mondiale.*
Clotilde Bersone – *L'élue du Dragon.*
Jean Bertrand & Claude Wacogne – *La fausse éducation nationale.*
René Binet – *Contribution à une éthique raciste.*
Léon Bloy – *Le salut par les juifs.*
Jean Boyer – *Les pires ennemis de nos peuples.*
Flavien Brenier – *Les juifs et le Talmud.*

Carrel Alexis – *L'homme cet inconnu.*
William Guy Carr – *Des pions sur l'échiquier.*
Lucien Cavro-Demars – *La honte sioniste.*
Pierre-Antoine Cousteau – *L'Amérique juive.*
 »   »   « – *Après le déluge.*
Louis-Ferdinand Céline – *Voyage au bout de la nuit.*
 »   »   » – *Mort à crédit.*
 »   »   » – *Mea Culpa.*
 »   »   » – *L'école des cadavres.*
 »   »   » – *Les beaux draps.*

Pour plus d'informations

Louis-Ferdinand Céline – *Bagatelles pour un massacre.*
» » » – *D'un château l'autre.*
» » » – *Nord.*
» » » – *Rigodon.*
André Chaumet – *Juifs et américains rois de l'Afrique du nord.*

Devi Savitri – *La Foudre et le Soleil.*
Louis Dasté – *Les sociétés secrètes et les juifs.*
» » – *Les sociétés secrètes, leurs crimes.*
» » – *Marie-Antoinette et le complot maçonnique.*
Léon Daudet – *Deux idoles sanguinaires.*

Echeverria Frederico de – *L'Espagne en flammes.*

Faugeras Henri – *Les juifs peuple de proie.*
Eugène Fayolle – *Est-ce que je deviens antisémite ?*
» » » – *Le juif cet inconnu.*
Charles Fleury – *La République juive ; Ses Trahisons, ses Gaspillages, ses Crimes !*

Gallagher Paul B. – *Comment Venise orchestra le plus grand désastre financier de l'histoire.*
Naeim Giladi – *Les juifs d'Irak.*
Urbain Gohier – *Le complot de l'Orléanisme et de la Franc-maçonnerie.*
Hermann Göring – *L'Allemagne renaît.*
Joseph Goebbels – *Combat pour Berlin.*
Georges Grandjean – *La destruction de Jérusalem.*

Haupt Jean – *Le procès de la démocratie.*
Philippe Henriot – *Le 6 Février.*
» » » – *« Ici, Radio-France. »*
Heinrich Himmler – *L'Esprit de la SS.*
Alexander Hislop – *Les deux Babylones.*
Adolf Hitler – *Principes d'action.*

Juifs en France, Les – *Intégral.*
Les juifs en France – *George Montandon – Comment reconnaître le juif ?*
» « « – *Fernand Querrioux – La médecine et les juifs.*
» « « – *Lucien Pemjean – La presse et les juifs.*
» « « – *Lucien Rebatet – Les tribus du cinéma et du théâtre.*
Émile Junes – *Étude sur la circoncision rituelle en Israël 3. Circoncision et législation rabbinique.*

Kazantsev Alexandre – *Le messager du cosmos ; le martien.*
Arthur Kemp – *Le mensonge de l'apartheid.*
Hervé Kerbourc'h – *L'imposture de la « sécurité sociale ».*

Lambelin Roger – *« Protocols » des sages de Sion.*
Josef Landowsky – *Symphonie en rouge majeur.*
Ernest Larisse – *Jean Lombard & la face cachée de l'histoire moderne.*
Arnold Leese – *Notre livre de caricatures séditieuses.*
Capitaine Lefèvre – *Les marchands de mort subite.*

Marcel Lefebvre – *Les sermons* de Monseigneur Marcel Lefebvre.
Jean Lombard – *La face cachée de l'histoire moderne – tome I.*
Charles Lucieto (Teddy Legrand) – *Les sept têtes du dragon vert.*
Georges de La Fouchardière – *Histoire d'un petit juif.*
Le Sage de La Franquerie de La Tourre André – *Lucifer et le pouvoir occulte.*
    »   »   » – *La mission divine de la France.*
    »   »   » – *Marie-Julie Jahenny la stigmatisée bretonne.*
Joseph Landowsky – *Symphonie en rouge majeur.*
Henri Louatron . *À la messe noire ou le luciférisme existe.*
Manifold Deidre – *Karl Marx ; Vrai ou faux prophète ?*
Philippe Marie-Dominique – *La symbolique de la Messe.*
Jean Marquès-Rivière – *L'organisation secrète de la Franc-Maçonnerie.*
Claire Martigues – *Le pacte de Reims et la vocation de la France.*
Wilhelm Marr – *La victoire du judaïsme sur le germanisme.*
Serge Monast – *Le gouvernement mondial de l'antéchrist.*
Benito Mussolini – *La doctrine du fascisme.*
Nancy Claude – *Les races humaines ; tome I & II.*
    »   «   « – *Les études du bon Docteur.*
    »   «   « – *Hitler contre Judas*
Serguei Nilus – *Les protocoles des sages de Sion.*
O'Thouma Goré – *L'esprit juif.*
Ferdynand Ossendowski – *Bêtes, Hommes et Dieux.*
George Orwel, (Eric Arthur Blair) – *1984.*
Eric Owens – *J'étais prêt à mourir.*
Paris Edmond – *Histoire secrète des Jésuites.*
William Luther Pierce – *Chasseur.*
    »   «   « – *Les carnets de Turner.*
    »   «   « – *Pensées sur le 4 juillet.*
    »   «   « – *Extraits du Manuel du membre de la National Alliance.*
    »   «   « – *L'Esprit faustien.*
    »   «   « – *Sur le christianisme.*
    »   «   « – *La mesure de la grandeur.*
    »   «   « – *Le féminisme.*
    »   «   « – *Le port d'armes en Allemagne 1928-1945.*
Léon de Poncins – *Les documents Morgenthau.*
    »   «   » – *Israël destructeur d'empires.*
Léon de Poncins – *Le Judaïsme et le Vatican.*
Carlos Whitlock Porter – *Non coupable au procès de Nuremberg.*
Ezra Weston Loomis Pound – *Le travail et l'usure.*
A. Puig – *La race de vipères et le rameau d'olivier.*
Reed Douglas – *La controverse de Sion.*
Joachim von Ribbentrop – *La lutte de l'Europe pour sa liberté.*
Vladimir Michaïlovitch Roudnieff – *La vérité sur la famille impériale russe et les influences occultes.*

August Rohling – *Le juif-talmudiste*.
    » » – *Le juif selon le Talmud*.
Alfred Rosenberg – *L'heure décisive de la lutte entre l'Europe et le Bolchevisme*.
    » » – *Le mythe du XXᵉ siècle*.

Saint-Yves d'Alveydre Alexandre – *La France vraie ; tome* I & II.
    « « – *La mission des juifs ; tome* I & II.
    « « – *La mission des souverains*.
Michel Christian Soulier – *Templum*.
Bernhard Schaub – *L'action européenne*.
Jules Séverin – *Le monopole universitaire*.
Andrei Vladimirovich Sokolov (*Stanislav Volski*) – *La Russie bolcheviste ; dans le royaume de la famine et de la haine*.

Tharaud Jérôme et Jean – *L'an prochain à Jérusalem*.
Frederik To Gaste – *La vérité sur les meurtres rituels juifs*.
Léon Trotski – *Staline*.
François Trocase – *L'Autriche juive*.

Uries De Heekelingen Herman de – *Les protocoles des sages de Sion constituent-ils un faux ?*
    » » » » – *L'orgueil juif*.
Marie-Léon Vial – *Le juif sectaire ou la tolérance talmudique*.
    » » – *Le juif roi*.

Webster Nesta – *La conspiration mondiale contre la civilisation*.
Kalixt de Wolski – *La Pologne*.
    » » » – *La Russie juive*.

Yvri – *Le sionisme et la juiverie internationale*.

Zakarias Hanna (Gabriel Théry) – *L'Islam et la critique historique*.
    » » » » – *Voici le vrai Mohammed et le faux coran*.
Antoine Zischka – *Ibn Séoud, roi de l'Arabie*.

- the-savoisien.com
- pdfarchive.info
- vivaeuropa.info
- freepdf.info
- aryanalibris.com
- aldebaranvideo.tv
- histoireebook.com
- balderexlibris.com

Librairie Excommuniée Numérique CULUS (CUrieux de Lire des Usuels)

www.ingramcontent.com/pod-product-compliance
Lightning Source LLC
LaVergne TN
LVHW041546070526
838199LV00046B/1852